# À plus!

*Nouvelle édition*

# 2

# Meine Grammatik

## zum Selberschreiben

**Vokabeltrainer-App**

*Verfügbar für: iOS, Android und Windows Phone*

**Cornelsen**

**À plus! 2** *Nouvelle édition*
## Meine Grammatik zum Selberschreiben

Im Auftrag des Verlages erarbeitet von:
Walpurga Herzog

und der Redaktion Französisch
Fidisoa R.-Freytag

Umschlaggestaltung: werkstatt für gebrauchsgrafik, Berlin
Layout und technische Umsetzung: graphitecture book & edition
Illustrationen: Yayo Kawamura, Laurent Lalo

www.cornelsen.de

1. Auflage, 1. Druck 2016

Alle Drucke dieser Auflage sind inhaltlich unverändert
und können im Unterricht nebeneinander verwendet werden.

Druck: Firmengruppe APPL, aprinta Druck, Wemding

ISBN 978-3-06-121809-6

PEFC zertifiziert
Dieses Produkt stammt
aus nachhaltig
bewirtschafteten
Wäldern und
kontrollierten Quellen
PEFC/04-32-0928  www.pefc.de

# Grammaire

*Salut!* Wie bei *À plus!* 1 kannst du mit deiner **Grammatik** zum Selberschreiben
– nach und nach Grammatik sammeln
– und außerdem überprüfen, was du schon kannst.

>>> Dieses Heft ist deine ganz persönliche Grammatik zum Selberschreiben.
Hier ergänzt du
– Konjugationsmuster der regelmäßigen und unregelmäßigen Verben,
– Tabellen und Regeln zu den wichtigsten Grammatikthemen von *À plus!* 2.
Immer wenn du ein neues Grammatikthema kennengelernt hast, suchst du dir
in diesem Heft die passende Seite heraus und füllst sie aus.

Am Ende des Schuljahres hast du ein Nachschlagewerk, an dem du selbst
mitgearbeitet hast. Du trennst die Seiten deiner eigenen Grammatik heraus und
heftest sie ab. So kannst du auch im nächsten Schuljahr immer hier nachschlagen,
wenn du mal etwas vergessen hast.

Alles klar? Dann können wir ja loslegen.
Viel Spaß mit deiner Grammatik zum
Selberschreiben!
Alle **Lösungen** findest du auf
**www.cornelsen.de/webcodes.**
Gib folgenden Webcode ein: **APLUS-2-LTB**.

# Grammaire

>>> Hier findest du eine Übersicht über die Verben, die in *À plus!* 2 vorkommen. Ergänze die Tabellen mit den richtigen Verbformen. Die Lösungen findest du auf www.cornelsen.de/webcodes. Gib folgenden Webcode ein: APLUS-2-LTB.

## Die regelmäßigen Verben auf -er

❗ Die folgenden Verben auf *-er* haben jeweils eine Besonderheit.

*présent*

| jouer (spielen) [Unité 1] |
|---|
| je jou-**e** |
| tu jou-**e s** |
| il/elle/on jou-**e** |
| nous jou-**o n s** |
| vous jou-**e z** |
| ils/elles jou-**e n t** |

Die regelmäßigen Verben auf *-er* **ohne Besonderheit** werden gleich konjugiert.

*présent*

| ranger (aufräumen) [Unité 2] |
|---|
| je _____ |
| tu _____ |
| il/elle/on _____ |
| nous _____**e**_____ |
| vous _____ |
| ils/elles _____ |

*ebenso:*

_____ (korrigieren) [FEC]

_____ (herunterladen) [Unité 3]

*impératif*

J o u e !

_____ !

_____ !

*impératif*

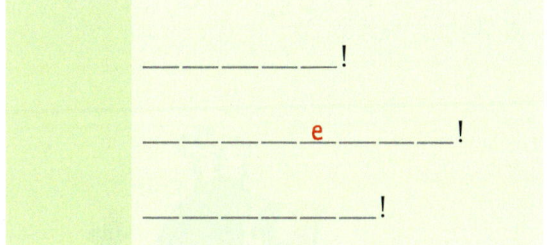

_____ !

_____**e**\_\_\_\_\_ !

_____ !

*passé composé*

j' a i j o u é

*passé composé*

j' a i _____

*présent*

| envoyer (schicken) [Unité 3] | |
|---|---|
| j' | _ _ _ _ _ _ i _ _ |
| tu | _ _ _ _ _ _ i _ _ |
| il/elle/on | _ _ _ _ _ _ i _ _ |
| nous | _ _ _ _ _ _ _ _ _ |
| vous | _ _ _ _ _ _ _ _ |
| ils/elles | _ _ _ _ _ i _ _ _ |

*présent*

| recommencer (wieder anfangen) [Unité 4] | |
|---|---|
| je | _ _ _ _ _ _ _ _ _ _ _ |
| tu | _ _ _ _ _ _ _ _ _ _ |
| il/elle/on | _ _ _ _ _ _ _ _ _ _ |
| nous | _ _ _ _ _ _ _ _ ç _ _ _ |
| vous | _ _ _ _ _ _ _ _ _ |
| ils/elles | _ _ _ _ _ _ _ _ _ _ _ |

*ebenso:*

_____ (probieren) [Unité 3]

*impératif*

_ _ _ _ _ i _ _ !

_ _ _ _ _ _ _ _ _ !

_ _ _ _ _ _ _ !

*impératif*

_ _ _ _ _ _ _ _ _ _ _ !

_ _ _ _ _ _ _ ç _ _ _ !

_ _ _ _ _ _ _ _ _ _ !

*passé composé*

j' _a_ _i_

_ _ _ _ _ _ _

*passé composé*

j' _a_ _i_

_ _ _ _ _ _ _ _

Das Verb *recommencer* hat eine Besonderheit in der Schreibweise. In der 1. Person Plural steht -___- statt -*c*-.

# Grammaire

## Die regelmäßigen Verben auf -re und -ir

*présent*

| | -re<br>Typ **répondre** (antworten) [Unité 2] |
|---|---|
| je | répond_s_ |
| tu | répond___ |
| il/elle/on | répond |
| nous | répond_____ |
| vous | répond_____ |
| ils/elles | répond_____ |

*présent*

| | -ir<br>Typ **partir** (wegfahren) [Unité 1] |
|---|---|
| je | par___ |
| tu | par___ |
| il/elle/on | par___ |
| nous | part_____ |
| vous | part_____ |
| ils/elles | part_____ |

*ebenso:*

_____ (hinuntergehen) [Unité 2]

_____ (verlieren) [Unité 2]

_____ (verkaufen) [Unité 6]

*ebenso:*

_____ (ausgehen) [Unité 1]

_____ (schlafen) [Unité 2]

*impératif*

Répond_s_ !

Répond_____ !

Répond_____ !

*impératif*

_____ !

_____ !

_____ !

*passé composé*

j' ____ répond___

*passé composé*

| il | _____ part___ |
|---|---|
| elle | _____ part_____ |
| ils | _____ part_____ |
| elles | _____ part_____ |

*présent*

| | -ir<br>Typ **agir** (handeln) [Unité 4] |
|---|---|
| j' | agi___ |
| tu | agi___ |
| il/elle/on | agi___ |
| nous | agi_s_ _s_ _____ |
| vous | agi_s_ _s_ _____ |
| ils/elles | agi_s_ _s_ _____ |

*ebenso:*

_____ (reagieren) [Unité 4]

_____ (beenden) [Unité 4]

_____ (applaudieren) [Unité 4]

_____ (gelingen) [Unité 4]

*impératif*

_____!

_____!

_____!

*passé composé*

tu ____ _____

*présent*

| | -ir<br>Typ **ouvrir** (öffnen) [Unité 6] |
|---|---|
| j' | ouvr___ |
| tu | ouvr___ ___ |
| il/elle/on | ouvr___ |
| nous | ouvr_____ |
| vous | ouvr___ ___ |
| ils/elles | ouvr_____ |

*ebenso:*

_____ (schenken) [Unité 6]

*impératif*

_____!

_____!

_____!

*passé composé*

j' ____ _____

Papi, ouvre vite ton cadeau!

# Grammaire

## Die unregelmäßigen Verben

>>> Alle Verben findest du auf S. 166 deines Schülerbuches oder gehe auf www.cornelsen.de/webcodes und gib folgenden Webcode ein: **APLUS-2-LTB.**

> Die unregelmäßigen Verben **aller, faire, pouvoir** und **vouloir** kennst du schon! Im *passé composé* auch?

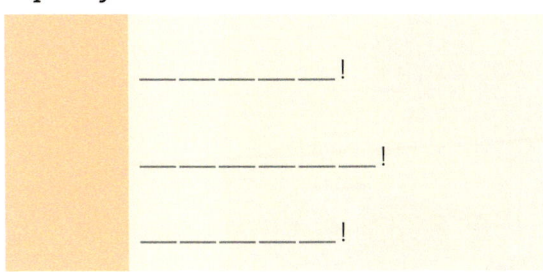

**aller** (gehen) → je suis all__ / __

**faire** (machen) → tu ___ _____

**pouvoir** (können) → il __ ___

**vouloir** (wollen) → nous _____ _____

*présent*

| venir (kommen) [Unité 1] | |
|---|---|
| je | __ i e ____ |
| tu | __ i e ____ |
| il/elle/on | __ i e ____ |
| nous | _____ |
| vous | _____ |
| ils/elles | __ i e _____ |

*impératif*

_____ !

_____ !

_____ !

*passé composé*

je _____ _____ / __

*présent*

| voir (sehen) [Unité 1] | |
|---|---|
| je | _____ |
| tu | _____ |
| il/elle/on | _____ |
| nous | ____ y ____ |
| vous | ____ y ___ |
| ils/elles | _____ |

*impératif*

_____ !

_____ !

_____ !

*passé composé*

il __ ____

*présent*

| devoir (müssen) [Unité 2] |
|---|
| je \_\_ o i \_\_\_ |
| tu _____ |
| il/elle/on _____ |
| nous _____ |
| vous _____ |
| ils/elles _____ |

*présent*

| mettre (legen) [Unité 3] |
|---|
| je \_\_\_\_\_ t \_\_\_ |
| tu _____ |
| il/elle/on \_\_\_\_\_ |
| nous _____ |
| vous _____ |
| ils/elles _____ |

*impératif*

_____!

_____!

_____!

Das Verb *devoir* ist ein Modalverb wie *pouvoir* und *vouloir*.

*passé composé*

j' \_\_\_\_ \_\_\_\_

*passé composé*

on \_\_ \_\_\_\_\_

Qu'est-ce que tu fais?

Je dois écrire un SMS à ma mère. Elle doit m'attendre devant l'école.

# Grammaire

*présent*

| lire (lesen) [Unité 3] | |
|---|---|
| je | _ _ _ _ |
| tu | _ _ _ _ |
| il/elle/on | _ _ _ _ |
| nous | _ _ _ _ s _ _ _ _ |
| vous | _ _ _ _ s _ _ _ |
| ils/elles | _ _ _ _ _ _ _ |

*présent*

| dire (sagen) [Unité 3] | |
|---|---|
| je | _ _ _ _ |
| tu | _ _ _ _ |
| il/elle/on | _ _ _ _ |
| nous | _ _ _ _ s _ _ _ _ |
| vous | _ _ _ _ t _ _ _ |
| ils/elles | _ _ _ _ s _ _ _ |

*impératif*

_ _ _ _ !

_ _ _ _ _ _ _ !

_ _ _ _ _ _ !

*impératif*

_ _ _ _ !

_ _ _ _ _ _ _ !

_ _ _ _ _ _ !

*passé composé*

elles _ _ _ _ _ _ _ _

*passé composé*

tu _ _ _ _ _ _ _ _

Qu'est-ce que tu dis?

11

Quelqu'un vous a écrit.

*présent*

| connaître (kennen) [Unité 4] | |
|---|---|
| je | _____ |
| tu | _____ |
| il/elle/on | _____ î ___ |
| nous | _____ s  s _____ |
| vous | _____ |
| ils/elles | _____ |

*présent*

| écrire (schreiben) [Unité 5] | |
|---|---|
| j' | _____ |
| tu | _____ |
| il/elle/on | _____ |
| nous | _____ v _____ |
| vous | _____ |
| ils/elles | _____ |

*impératif*

_____! 

_____! 

_____! 

*passé composé*

elle __ _____

*passé composé*

tu ___ _____

Das *-î-* des Infinitivs *connaître* wird nur in der 3. Person Singular beibehalten.

# Grammaire

## Die reflexiven Verben im Präsens

| s'amuser (sich amüsieren) [Unité 6] | | |
|---|---|---|
| je | m' | amuse |
| tu | ___ | _____ |
| il/elle/on | ___ | _____ |
| nous | _____ | _____ |
| vous | _____ | _____ |
| ils/elles | ___ | _____ |

Je **m'**amuse beaucoup!

Ich amüsiere **mich** auch!

| se baigner (baden) [Unité 6] | | |
|---|---|---|
| je | me | baigne |
| tu | _____ | _____ |
| il/elle/on | _____ | _____ |
| nous | _____ | _____ |
| vous | _____ | _____ |
| ils/elles | _____ | _____ |

Tu te baignes aujourd'hui?

Non, je ne me baigne pas. C'est trop dangereux!

Vor reflexiven Verben steht immer ein _____ .

> Vor Verben, die mit einem Vokal oder einem stummen *h*- beginnen, werden die Reflexivpronomen *me, te, se* zu *m', t', s'* verkürzt.

Tu __ne__ te baignes __jamais__ quand il fait froid.
= Du badest nie, wenn es kalt ist.

Les joueurs ___ ___ _____ _____ le dimanche.
= Sonntags trainieren die Spieler nicht.

> In einem verneinten Satz umschließt die Verneinungsklammer das Reflexivpronomen und das Verb.

L'oiseau __ne__ peut __pas__ s'envoler.
= Der Vogel kann nicht davon fliegen.

Les enfants ___ _____ _____ _____ _____ .
= Die Kinder wollen nicht spazieren gehen.

> Nach Modalverben (*devoir, pouvoir, vouloir, savoir*) stehen reflexive Verben im Infinitiv. Das Reflexivpronomen steht <u>vor</u> dem Infinitiv.

> ! Einem französischen reflexiven Verb entspricht nicht immer ein deutsches reflexives Verb.

Vergleiche:

**se** retrouver
= sich treffen

___ _____ (sur)
= sich niederlassen (auf)

___ _____ (de)
= sich erinnern (an)

**se** baigner
= ■ baden

__'_____
= heißen

____ _____
= geschehen

___ _____
= spazieren gehen

14

# Grammaire

>>> Ergänze die Lücken. Die Lösungen findest du auf www.cornelsen.de/webcodes. Gib folgenden Webcode ein: APLUS-2-LTB.

## Jouer au / à l' / à la / aux  [Unité 1]

Selma: Jouer _____ volley sur la plage?

C'est mon truc!

Anthony: Mon copain et moi jouons souvent

_____ jeux vidéo.

 *Jouer à* verwendest du vor Ballsportarten und Spielen.

## Jouer du / de l' / de la / des  [Unité 1]

Magalie: Ma sœur et moi, nous jouons _____

piano ensemble!

Alex: Je joue _____ ___⁻accordéon.

Julien: Je joue _____ _____ guitare pour moi

et pour mes amis.

Léa: Je voudrais jouer _____ percussions.

 *Jouer de* verwendest du vor Musikinstrumenten.

# Die Demonstrativ-, Frage- und Indefinitbegleiter

| Der Demonstrativbegleiter *ce* [Unité 3] | | Der Fragebegleiter *quel* [Unité 3] | |
| --- | --- | --- | --- |
| vor Konsonant | vor Vokal | vor Konsonant | vor Vokal |
| **ce** pantalon<br>**diese** Hose | _____instrument<br>**dieser** Instrument | **Quel** film?<br>**Welcher** Film? | _____ ami?<br>**Welcher** Freund? |
| **ces** pantalons<br>**diese** Hosen | _____instruments<br>**diese** Instrumente | _____ films?<br>**Welche** Filme? | _____amis?<br>**Welche** Freunde? |
| _____ robe<br>**dieses** Kleid | _____ aventure<br>**dieses** Abenteuer | **Quelle** ville?<br>**Welche** Stadt? | _____ amie?<br>**Welche** Freundin? |
| _____ robes<br>**diese** Kleider | _____aventures<br>**diese** Abenteuer | _____ villes?<br>**Welche** Städte? | _____ amies?<br>**Welche** Freundinnen? |

Vor einem Vokal oder einem stummen *h*- wird das *-s* von *quels* und *quelles* als [z] gebunden.

| Der Indefinitbegleiter *tout* [Unité 4] | Andere Indefinitbegleiter: *autre* [FEC], *quelques* [Unité 4], *même* [Unité 6], *plusieurs* [Unité 6] |
| --- | --- |
| _____ ___ temps<br>die **ganze** Zeit | _____ _____<br>(**einige** Schüler) |
| _____ ____ joueurs<br>**alle** Spieler | _____ _____<br>(**mehrere** Fragen) |
| _____ ___ vie<br>das **ganze** Leben | ____ _____ _____<br>(die **anderen** Mädchen) |
| _____ ____ filles<br>**alle** Mädchen | __ _____ _____<br>(die **gleiche** Geschichte) |

# Grammaire

## Das indirekte Objekt  [Unité 4]

| Subjekt | Verb | indirektes Objekt | |
|---|---|---|---|
| Clara | parle | à sa copine. | |
| Léo | participe | _____ match de handball. | Léo nimmt an dem Handballspiel teil. |
| Pauline | joue | _____ piano. | Pauline spielt Klavier. |
| Noah | joue | _____ percussions. | Noah spielt Schlagzeug. |

**!** Verb + *qn/qc* = direktes Objekt

Verb + **à** *qn/qc* = indirektes Objekt
Verb + **de** *qn/qc*

**indirektes Objekt mit de**

_____

= über jemanden/etwas sprechen

_____

= ein Instrument spielen

**indirektes Objekt mit à**

_____

= jemanden fragen

_____

= mit jemandem sprechen

_____

= an jemanden/etwas denken

_____

= mit jemandem telefonieren

_____

= an etwas teilnehmen

| Subjekt | Verb | direktes Objekt | indirektes Objekt | |
|---|---|---|---|---|
| Le prof | explique | le texte | aux élèves. | Der Lehrer erklärt den Schülern den Text. |
| Je | donne | un livre | _____ garçon. | Ich gebe dem Jungen ein Buch. |

_____

= jemandem etwas geben

_____

= jemandem etwas sagen

_____

= jemandem etwas zeigen

_____

= jemandem etwas erklären

_____

= jemandem etwas vorschlagen

Es gibt Verben, die ein direktes **und** ein indirektes Objekt anschließen können.

## Die indirekten Objektpronomen me, te, le, la, nous, vous, leur [Unité 5]

Nous t'avons apporté quelques cadeaux.

| | | |
|---|---|---|
| Ma copine __m e__ | dit tout. | = Meine Freundin sagt **mir** alles. |
| Il __ ¯ | envoie des textos. | = Er schickt **mir** SMS. |
| Je ____ | raconte une histoire. | = Ich erzähle **dir** eine Geschichte. |
| Le copain de Bilal _____ | montre une B. D. | = Bilals Freund zeigt **ihm** einen Comic. |
| Les copains de Lisa _____ | donnent un CD. | = Lisas Freunde geben **ihr** eine CD. |
| Notre prof _____ | donne les devoirs. | = Unser Lehrer gibt **uns** die Hausaufgaben. |
| Je _____ | explique l'exercice. | = Ich erkläre **euch** die Übung. |
| Elle _____ | dit tout. | = Sie sagt **ihnen** alles. |

> Das indirekte Objektpronomen steht immer <u>vor</u> dem Verb. ✔

– Est-ce que le prof parle aux élèves?  — Non, il __ne__ leur parle __pas__.
Nein, er spricht nicht mit ihnen.

– Est-ce que Bilal te montre sa B. D.?  — Non, il ____ ____ montre ____ sa B. D.
Nein, er zeigt mir seinen Comic nicht.

– La prof t'a parlé?  — Non, elle ____ ____'a ____ parlé.
Nein, sie hat mit mir nicht gesprochen.

> Die Verneinungsklammer schließt das indirekte Objektpronomen mit ein. ✔

– Est-ce que tu vas lui téléphoner.  — Oui, je vais ____ téléphoner.
Ja, ich werde mit ihm/ihr telefonieren.

– Tu peux m'envoyer un texto?  — Oui, bien sûr! Je peux ____ envoyer un texto.
Ja, sicher! Ich kann dir eine SMS schicken.

> Im *futur composé* und in Sätzen mit Modalverben steht das indirekte Objektpronomen <u>vor</u> dem Infinitiv. ✔

# Grammaire

## Die Pronomen im Überblick

| Verbundene Personalpronomen | Unverbundene Personalpronomen[1]<br>[Unité 2] | Indirekte Objektpronomen<br>[Unité 5] |
|---|---|---|
| **je**<br>(1. Person) | _m_ _o_ _i_<br><br>Moi, **je** ne vais pas à la plage.<br>**Ich** gehe nicht an den Strand. | _m_ _e_ / _m_ '<br><br>Tu ___ ___ donnes son livre?<br>Gibst du **mir** sein Buch? |
| **tu**<br>(2. Person) | _t_ _o_ _i_<br><br>Et ___ ___ ___ ?<br>Und **du**? | _t_ _e_ / _t_ '<br><br>Oui, je ___ ___ raconte une histoire.<br>Ja, ich erzähle **dir** eine Geschichte. |
| **il/on**[2]<br>(3. Person Maskulinum) | ___ ___ ___<br><br>C'est Lôc? Oui, c'est ___ ___ ___ !<br>Ist das Lôc? Ja, das ist **er**! | ___ ___<br><br>Il ___ ___ ___ dit: «Salut!» (à son frère)<br>Er sagt **ihm**: „Hallo!" (seinem Bruder) |
| **elle**<br>(3. Person Femininum) | ___ ___ ___<br><br>Selma? Oui, il joue souvent avec ___ ___ ___ .<br>Selma? Ja, er spielt oft mit **ihr**. | ___ ___<br><br>Ils ___ ___ ___ donnent beaucoup de trucs! (à leur fille)<br>Sie geben **ihr** viele Sachen! (ihrer Tochter) |

| Verbundene Personalpronomen | Reflexivpronomen<br>[Unité 6] |
|---|---|
| **je**<br>(1. Person) | ___ ___ / ___ ‾<br><br>Je ___ ___ baigne à 7 heures.<br>Ich **bade** um 7 Uhr. |
| **tu**<br>(2. Person) | ___ ___ / ___ ‾<br><br>Tu ___ ___ baignes à quelle heure?<br>Um wie viel Uhr **badest** du? |
| **il/on**<br>(3. Person Maskulinum) | ___ ___ / ___ ‾<br><br>Il ___ ‾énerve souvent.<br>Er regt **sich** oft auf. |
| **elle**<br>(3. Person Femininum) | ___ ___ / ___ ‾<br><br>Elle ___ ‾amuse bien.<br>Sie amüsiert **sich** gut. |

**1** Die unverbundenen Personalpronomen können **alleine**, nach einer **Präposition** oder zur **Verstärkung** des Personalpronomens stehen.
**2** on steht für man/wir

# Die Pronomen im Überblick

| Verbundene Personalpronomen | Unverbundene Personalpronomen [Unité 2] | Indirekte Objektpronomen [Unité 5] |
|---|---|---|
| **nous** (1. Person) | ——————<br><br>Nous, ——————— ne sommes pas tombés à l'eau.<br>**Wir** sind nicht ins Wasser gefallen. | <u>n o u s</u><br><br>Tu ——————— réponds?<br>Antwortest du **uns**? |
| **vous** (2. Person) | ————————<br><br>C'est ———————, les élèves de la 5A?<br>Seid **ihr** die Schüler der 5A? | ————————<br><br>Oui, je ——————— parle.<br>Ja, ich spreche mit **euch**. |
| **ils** (3. Person Maskulinum) | ——————<br><br>Les copains de Matéo?<br><br>C'est ————!<br>Die Freunde von Matéo? Das sind **sie**! | ——————<br><br>Tu ——————— expliques ton travail? (**aux** enfants)<br>Du erklärst **ihnen** deine Arbeit? (den Kindern) |
| **elles** (3. Person Femininum) | ————————<br><br>Mes amies? Je chante pour ————————!<br>Meine Freundinnen? Ich singe für **sie**! | ——————<br><br>Je ——————— montre mes médailles? (**aux** copines)<br>Ich zeige **ihnen** meine Medaillen. (den Freundinnen) |

| Verbundene Personalpronomen | Reflexivpronomen [Unité 6] |
|---|---|
| **nous** (1. Person) | ——————<br><br>Nous ne ——————— retrouvons pas souvent.<br>Wir treffen **uns** nicht oft. |
| **vous** (2. Person) | ——————<br><br>Vous ——————— baignez?<br>Badet **ihr**? |
| **ils** (3. Person Maskulinum) | ———— / ——<br><br>Ils ———— baignent à 6 heures.<br>Sie baden um 6 Uhr. |
| **elles** (3. Person Femininum) | <u>s e</u> / <u>s</u>'<br><br>Carine et Sandra ——'amusent bien.<br>Carine und Sandra amüsieren **sich** gut. |

# Grammaire

## Die Stellung des Adjektivs  [Unité 1]

Voilà des cafés <u>s y m p a</u>.

= Hier sind nette Cafés.

C'est une place <u>c é l è b r e</u>.

= Das ist ein berühmter Platz.

> Im Französischen stehen die meisten Adjektive <u>hinter</u> dem Nomen.
> Vergleiche: *un quartier **tranquille*** = *ein **ruhiges** Viertel*

jolie/e    À Montpellier, il y a des _____ cafés.

= In Montpellier gibt es schöne Cafés.

petit/e    Il y a aussi des _____ rues.

= Es gibt auch kleine Straßen.

grand/e    Voilà une _____ place.

= Hier ist ein großer Platz.

bon/ne    Là, on trouve une _____ boulangerie.

= Da findet man eine gute Bäckerei.

> Nur eine kleine Gruppe von Adjektiven steht _____ dem Nomen.

## Die Adjektive beau und nouveau  [Unité 3]

|  | maskulin | feminin |
|---|---|---|
| **Einzahl (Singular)** | un <u>b e a u</u> musée = ein schönes Museum<br>un _____ endroit = ein schöner Ort | une _____ ville/idée<br>= eine schöne Stadt/Idee |
|  | un <u>n o u v e a u</u> sport = ein neuer Sport<br>un _____ instrument<br>= ein neues Instrument | une _____<br>classe/idée<br>= eine neue Klasse/Idee |
| **Mehrzahl (Plural)** | des _____ musées<br>= schöne Museen<br>des <u>b e a u x</u> endroits = schöne Orte | des _____ villes/idées<br>= schöne Städte/Ideen |
|  | des <u>n o u v e a u x</u> sports<br>= neue Sportarten<br>des _____ instruments<br>= neue Instrumente | des _____<br>classes/idées = neue Klassen/<br>Ideen |

> Die Adjektive *beau* und *nouveau* haben im Singular zwei maskuline Formen:
> – *beau* und *nouveau* stehen vor maskulinen Nomen im Singular, die mit einem Konsonanten
>   beginnen.
> – *bel* und *nouvel* stehen vor maskulinen Nomen im Singular, die mit einem _____
>   oder einem stummen *h*- beginnen.

## Farbadjektive [Unité 3]

| | le pantalon | les vêtements | la robe | les baskets |
|---|---|---|---|---|
| ⬜ | b l a n c | b l a n c s | b l a n c h e | b l a n c h e s |
| 🟨 | _____ | _____ | _____ | _____ |
| ❗ 🟧 | _____ | _____ | _____ | _____ |
| 🟥 | _____ | _____ | _____ | _____ |
| 🟪 | _____ | | _____ | _____ |
| 🟦 | _____ | _____ | _____ | _____ |
| 🟩 | _____ | _____ | _____ | _____ |
| ⬛ (grau) | _____ | _____ | _____ | _____ |
| ❗ 🟫 | _____ | _____ | _____ | _____ |
| ⬛ | _____ | _____ | _____ | _____ |

> ✔️ Im Französischen stehen die Farbadjektive _____
> dem Nomen → *le pull* **vert** = *der* **grüne** *Pulli*
> Das Farbadjektiv gleichst du dem Nomen an.

> *marron* und *orange* sind
> aber unveränderlich!

## Der Komparativ des Adjektivs [Unité 3]

Félicie est _____ grande ___⁻Alexane.     Félicie ist **größer als** Alexane.

Fabien est _____ grand _____ Léo.     Fabien ist **genauso groß wie** Léo.

Félicie est _____ grande _____ Fabien.     Félicie ist **weniger groß als** Fabien.

> ✔️
> **+** ..................
> **=** .................. **+ Adjektiv +** .................. **= Komparativ des Adjektivs**
> **−** ..................

Das Adjektiv gleichst du dem Nomen an.

# Grammaire

Fabien est _____ en anglais _____ Félicie.
Fabien ist **besser** in Englisch **als** Félicie.

Félicie est _____ en français _____ sa copine Marie.
Félicie ist **besser** in Französisch **als** ihre Freundin Marie.

Elle est _____ _____ en anglais _____ sa copine Marie.
Sie ist **genauso gut** in Englisch **wie** ihre Freundin Marie.

Mais elle est _____ _____ en anglais _____ son frère Fabien.
Aber sie ist **weniger gut** in Englisch **als** ihr Bruder Fabien.

✔

| Der Komparativ von | bon/bonne<br>bons/bonnes | (gut) = | meilleur/meilleure que<br>meilleurs/meilleures que | (besser als) |
|---|---|---|---|---|

## Der Superlativ des Adjektivs [Unité 3]

On ne va pas visiter les endroits les plus touristiques.

Les endroits _____ _____ _____ _____ sont aussi intéressants.
Die am wenigsten touristischen Orte sind auch interessant.

Pour moi, les matières _____ _____ _____ sont les SVT et le français?
Für mich sind die interessantesten Schulfächer Biologie und Französisch.

Pour Nora, _____ _____ _____ baskets sont rouges et blanches.
=
Pour Nora, les baskets _____ _____ _____ sont rouges et blanches.
Für Nora sind die schönsten Turnschuhe rot und weiß.

✔

le
la  + plus   + Adjektiv + Nomen = Superlativ des Adjektivs
les   moins

Die Adjektive *grand, petit, joli, beau, nouveau* können im Superlativ vor oder hinter dem Nomen stehen. Wenn du den Superlativ hinter das Nomen stellst, ist das immer richtig.

Qui est ___ _____ chanteur?
Wer ist der beste Sänger?

Qui est ___ _____ sportive?
Wer ist die beste Sportlerin?

Qui sont ____ _____ sportifs?
Wer sind die besten Sportler?

Der Superlativ von    bon/bonne    (gut) =    le meilleur / la meilleure (der, die, das beste)
                 bons/bonnes                 les meilleurs / les meilleures (die besten)

## Die Adjektive auf -eux [Unité 5]

|  | maskulin | feminin |
|---|---|---|
| **Einzahl (Singular)** | un garçon c o u r a g e u x = ein mutiger Junge | une fille _____ = ein mutiges Mädchen |
|  | Bilal est _____. = Bilal ist mutig. | Lisa est _____. = Lisa ist mutig. |
| **Mehrzahl (Plural)** | Bilal et ses copains sont _____. = Bilal und seine Freunde sind mutig. | Lisa et ses copines sont _____. = Lisa und ihre Freundinnen sind mutig. |

ebenso:

heureux .................. = glücklich       .......................... = gefährlich

.......................... = unglücklich       .......................... = beschämend

> Die Adjektive auf -eux haben nur eine maskuline Form im Singular und Plural.
>
> Im Singular ♟ enden die femininen Formen auf: -_____
>
> Im Plural ♟♟ enden die femininen Formen auf: -_____

# Grammaire

## Der Teilungsartikel [Unité 4]

| Nomen | Teilungsartikel<br>**On achète ...**<br>Wir kaufen ... |
|---|---|
| männlich | <u>d u</u> sucre<br>■ Zucker |
| weiblich | ___ ___ farine<br>■ Mehl |
| mit **h** oder mit **einem** **Vokal** am Anfang | ___ __⁻ eau<br>■ Wasser |
| im Plural | _____ citrons<br>■ Zitronen |

Im Französischen verwendest du den Teilungsartikel, wenn du nur eine unbestimmte Menge angibst.

de + le → ____ ✔

de + la → ___ ___

de + l' → ___ __⁻

de + les → _____

Im Deutschen gibt es _____ ✔ Teilungsartikel. Wo im Französischen der Teilungsartikel vor einem Nomen steht, steht im Deutschen das Nomen alleine.

On prend aussi deux croissants et une baguette, s'il vous plaît.

On achète aussi **quatre œufs!** = Wir kaufen auch **vier Eier!**

Nach Zahlwörtern steht weder ein Teilungsartikel noch ein *de*.

**!** Merke:
J'aime **les** fruits, mais je **n'**aime **pas les** oranges.
Ich mag ■ Früchte aber **keine** Orangen.

*aimer* + bestimmter Artikel
*ne pas aimer* + bestimmter Artikel

## Pour + Infinitiv [Unité 1]

Le hip-hop, c'est super **pour** _____.

**Pour** _____ \_\_\_ _____, je vais au stade.

Der Hip-Hop ist super **zum Tanzen**.

**Um Sport zu treiben** gehe ich ins Stadium.

## Das Relativpronomen qui [Unité 1]

*qui* ist unveränderlich.

Voilà le prof \_\_\_\_\_ aide l'élève.

... der Lehrer, der ...

Zoé, c'est la fille \_\_\_\_\_ aime faire du shopping.

... das Mädchen, das ...

Bilal retrouve ses copains \_\_\_\_\_ habitent à Carnon.

... seine Freunde, die ...

Voilà des filles \_\_\_\_\_ ont faim et soif.

... Mädchen, die ...

Mit dem Relativpronomen *qui* kannst du nähere Angaben zu Personen oder Sachen machen.

*qui* ist immer das _____ des Relativsatzes. Auf *qui* folgt immer ein _____.

# Grammaire

## Das Relativpronomen que/qu' [Unité 1]

Vor einem Vokal wird das Relativpronomen *que* zu *qu'*.

Le rugby, c'est un sport _ _ _ _ Lilou aime bien.                    ... eine Sportart, die ...

La ville _ _ _ _ nous visitons est super.                          ... die Stadt, die ...

Les cafés _ _ _ ‾on préfère sont dans la vieille ville.            ... die Cafés, die ...

J'aime les expositions _ _ _ _ le musée Fabre propose.             ... die Ausstellungen, die ...

> Mit dem Relativpronomen *que* kannst du nähere Angaben zu Personen oder Sachen machen. *que* ist immer das direkte Objekt des Relativsatzes. Auf *que* folgt das _ _ _ _ _ _ _ _ _ _ _ des Relativsatzes.

## Das passé composé mit avoir und être [Unité 2]

>>> **Bilde das** *passé composé* **in den folgenden Sätzen. Schreibe jedes Mal die deutsche Übersetzung darunter. Die Lösungen findest du auf www.cornelsen.de/webcode. Gib folgenden Webcode ein: APLUS-2-LTB.**

J'_a i_ apport_é_ mon bateau.                     Je _s u i s_ all_é_ /all_é e_ à la plage. /

Ich **habe** mein Boot **mitgebracht**.            Ich **bin** an den Strand **gegangen**.

Tu _ _ _ rêv_ _.                                   Tu _ _ _ arriv_é_ / _é e_ à la plage.

Du ..........................................      Du ..........................................

Il _ _ prépar_ _ le repas.                        Il _ _ _ _ mont_ _ dans le bateau.

Er **hat** das Essen **vorbereitet**.              Er **ist** ins Boot **eingestiegen**.

Elle _ _ regard_ _ les étoiles.                   Elle _ _ _ _ rest_ _ _ sur la plage.

Sie ..........................................     Sie ..........................................

..........................................        ..........................................

On _ _ appel_ _ nos grands-parents.               On _ _ _ _ part_ _ _ loin.

Wir ..........................................     Wir ..........................................

Regarde, papa! Le garçon est tombé à l'eau.

Il a eu peur, mais il a nagé.

Nous _____ regard__ la télé.

Wir **haben ferngesehen**.

Nous _____ all____ au ciné. ♟♟/♟♟

Wir **sind** ins Kino **gegangen**.

Vous _____ aid__ les jeunes.

Ihr .......................................................................

.......................................................................

Vous _____ tomb____ à l'eau. ♟♟/♟♟

Ihr .......................................................................

.......................................................................

Ils _____ oubli__ les biscuits.

Sie .......................................................................

.......................................................................

Ils _____ mont ____ dans le bateau. ♟♟

Sie .......................................................................

.......................................................................

Elles _____ demand__ leur chemin.

Sie .......................................................................

.......................................................................

Elles _____ rentr_____ en retard. ♟♟

Sie .......................................................................

.......................................................................

✔ Mit dem *passé composé* drückst du aus, dass eine Handlung in der

_____ stattgefunden hat.

✔ **Präsensform von** ........................... **bzw.** ........................... **+ Partizip Perfekt = passé composé**

✔ Im Französischen bilden die meisten Verben das *passé composé* mit dem Hilfsverb *avoir*.

J'ai été en ville. = Ich ................................................. in der Stadt ..................................... .

Il __ _____ à Montpellier. = Er ist in Montpellier gewesen.

Beachte: Auch *être* bildet das *passé composé* mit dem Hilfsverb *avoir*.

✔ Im Französischen bilden nur wenige Verben das *passé composé* mit dem Hilfsverb *être*.

# Grammaire

Einige Verben kennst du bereits aus *À plus!* 1:

ankommen = ............................................................................................

bleiben = ............................................................................................

gehen = ............................................................................................

(nach Hause) gehen = ............................................................................................

zurückkehren = ............................................................................................

## [Unité 1]

kommen = ............................................................................................

hinausgehen = ............................................................................................

wegfahren = ............................................................................................

## [Unité 2]

hinfallen = ............................................................................................

hinuntergehen = ............................................................................................

(ins Auto) einsteigen = ............................................................... (dans la voiture)

Bilal est allé à Carnon. = ............................................................................................

Zoé est rest ____ à Montpellier. = ............................................................................................

> Hier ist eine Übersicht über die Verben, die das *passé composé* mit dem Hilfsverb *être* bilden.

Bei einem Verb, das das *passé composé* mit dem Hilfsverb *être* bildet, wird das Partizip Perfekt

dem _____ angeglichen.

**Endungen des Partizips Perfekt**

|  | maskulin | feminin |
|---|---|---|
| **Einzahl (Singular)** | __ | -e |
| **Mehrzahl (Plural)** | -__ | -___ |

# Die Bildung des Partizips der regelmäßigen Verben [Unité 2 bis Unité 6]

>>> Trage hier das Partizip Perfekt nach jeder Unité ein. Du findest sie in den ▶ *Repères* zu der jeweiligen Unité oder in der Liste ab S. 164.

> J'ai encore perdu mes baskets.

## Verben auf -er

[Unité 2] travailler → **travaillé**
　　　　　　　(gearbeitet)

manger → ...................................
　　　　(gegessen)

appeler → ...................................
　　　　(gerufen)

jouer → ...................................
　　　(gespielt)

terminer → ...................................
　　　　(beendet)

rentrer → ...................................
　　　　(nach Hause gegangen)

## Verben auf -dre

[Unité 2] attendre → ...................................
　　　　　　　(gewartet)

descendre → ...................................
　　　　　(hinabgestiegen)

entendre → ...................................
　　　　(gehört)

perdre → ...................................
　　　(verloren)

répondre → ...................................
　　　　(geantwortet)

[Unité 6] vendre → ...................................
　　　　　(verkauft)

## Verben auf -ir (Typ *sortir*)

[Unité 2] sortir → ...................................
　　　　　　(ausgegangen)

partir → ...................................
　　　(weggefahren, weggegangen)

dormir → ...................................
　　　(geschlafen)

## Verben auf -ir (Typ *ouvrir*)

[Unité 6] ouvrir → ...................................
　　　　　　(geöffnet)

offrir → ...................................
　　　(geschenkt)

> Tu as dormi longtemps, hein?

30

# Grammaire

## Die Bildung des Partizips der unregelmäßigen Verben [Unité 2 bis Unité 6]

**>>>** Trage hier das Partizip Perfekt nach jeder Unité ein. Du findest sie in den ▶ *Repères* zu der jeweiligen Unité oder in der Liste ab S. 164.

**!** unregelmäßige Verben

J'ai dit: «Marion, il faut agir. Et elle a été d'accord!»

Qu'est-ce que tu as fait?

[Unité 2] avoir → eu ....................
(gehabt)

être → ....................
(gewesen)

faire → ....................
(gemacht)

vouloir → ....................
(gewollt)

venir → ....................
(gekommen)

pouvoir → ....................
(gekonnt)

voir → ....................
(gesehen)

devoir → ....................
(gemusst)

[Unité 3] dire → ....................
(gesagt)

prendre → ....................
(genommen)

lire → ....................
(gelesen)

comprendre → ....................
(verstanden)

[Unité 4] connaître → ....................
(gekannt)

[Unité 5] écrire → ....................
(geschrieben)

## Die Verneinung beim passé composé [Unité 2]

Non, je n'ai pas joué aux jeux vidéo. Je suis allé à la pisicine!

Les jeunes <u>n e</u> sont <u>p a s</u> allés à la plage.   = Die Jugendlichen sind **nicht** an den Strand gegangen.

Mathilde __¯est _____ montée dans le bateau.   = Mathilde ist **nicht** ins Boot eingestiegen.

Selma __¯a _____ voulu.   = Selma hat **nicht** gewollt.

> **ne/n'... pas** stehen beim *passé composé* vor und hinter der konjugierten Form von *avoir* oder *être*. Das Partizip Perfekt kommt ans Ende.

ne / n'
Konjugiertes Verb
pas
Partizip / Infinitiv

## Der Imperativ: bejaht und verneint  [Unité 5]

| | bejaht 👍 | verneint 👎 |
|---|---|---|
| Du **duzt eine Person** und forderst sie auf, etwas zu tun / nicht zu tun: | Mang_e_ ici! <br> **Iss** hier! | Ne _m_ _a_ _n_ _g_ _e_ pas ici! <br> **Iss nicht** hier! |
| Du forderst **dich und andere** auf, etwas zu tun / nicht zu tun: | All_ _ _ _ au parc! <br> **Gehen wir** in den Park! | N'_ _ _ _ _ _ _ _ _ _ _ _ _ _ _ _ _ _ _ _ _ _ _ _ _ _ _ _ à ton anniversaire! <br> **Lasst uns keinen** zu deinem Geburtstag einladen! |
| Du forderst **mehrere Personen** auf, etwas zu tun / etwas nie zu tun: | Ouvr_ _ _ vos livres! <br> **Öffnet / Öffnen Sie** eure/Ihre Bücher! | _ _ _ donn_ _ _ _ _ _ _ _ _ _ _ _ votre adresse! <br> **Gebt / Geben Sie niemals** eure/Ihre Adresse her! |
| Du **siezt eine Person** und forderst sie auf, etwas zu tun / nichts zu tun: | Attend_ _ _, Madame! <br> **Warten Sie**, Madame! | _ _ _ fait_ _ _ _ _ _ _ _ _! <br> **Macht / Machen Sie nichts**! |

✔

Ne + Imperativ + **pas / plus / jamais / rien**  = **Verneinter Imperativ**

---

❗ Beachte: Zwei Verben haben unregelmäßige Imperativformen:

_ _ _ _ _ _ _ _ : Aie. Ayons. Ayez.

_ _ _ _ _ _ _ : Sois. Soyons. Soyez.

---

## Il faut + Infinitiv  [Unité 3] / Il faut + Nomen  [Unité 4]

| *Il faut* + Infinitiv [Unité 3] | *Il faut* + Nomen [Unité 4] |
|---|---|
| Il faut _ _ _ _ _ _ _ _ _ _ _ _ _ _ _ _ _. <br> Man muss / Wir müssen **arbeiten**. | Il faut _ _ _ _ _ _ _ _ _ _ _ _ pour la tarte au riz. <br> Man braucht **Eier** für den Milchreiskuchen. |

✔

**Il faut + Infinitiv =**

man ........................ / wir ......................................

**Il faut + Nomen =**

man ........................ / wir ......................................

# Grammaire

## Die indirekte Rede [Unité 4]

> Léo va venir demain.

> Ma mère **dit que** Léo va venir demain.

Mit ..il.. / .............. ................ ............/ ..qu'.. kannst du wiedergeben, was jemand gesagt hat.

## Die indirekte Frage [Unité 4]

⧫✦⬧✦◼⧫ ✦⬧✦◼
✕⬥⧫⬧⧫ ⧫⬥⧫
⬧ ⧫⧫✕⬧⧫
✦⧫✦$^1$

1 Est-ce que les hommes
connaissent les bananes?
Est-ce qu'ils aiment les manger?

> Il **demande si** les hommes connaissent les bananes.

> Il **veut savoir** s'ils aiment les manger.

Mit ..il.. / .............. ....................................... ......si..... kannst du wiedergeben,
was jemand gefragt hat.

**!** ~~si + il~~ = s'il       si + elle  = si elle
~~si + ils~~ = s'ils       si + elles = si elles
                      si + on    = si on

| direkte Rede/Frage | indirekte Rede/Frage |
|---|---|
| Mara: «Je **prends mon** GPS.» <br> Mara: «Ich **nehme mein** GPS.» | Mara dit qu'**elle prend son** GPS. <br> Mara sagt, dass **sie ihr** GPS **nimmt**. |
| Mara: «Jules, tu m'attends?» | Mara _____ ___ Jules __ ̄_____. <br> Mara fragt, ob Jules auf sie wartet. |
| Jules: «Je t'attends devant la gare.» | Jules _____ ___ ̄___ __ ̄_____ devant la gare. <br> Jules sagt, dass er auf sie vor dem Bahnhof wartet. |

Bei der Umwandlung von der direkten in die indirekte Rede/Frage musst du die **Pronomen**, **Verbformen** und **Begleiter** an die veränderte Redesituation anpassen.

# Andere Möglichkeiten der Verneinung [Unité 2 und Unité 5]

| | présent | passé composé | futur composé |
|---|---|---|---|
| **ne/n'…** **pas** | Elle __'achète _ _ _ _ le CD. Sie kauft **nicht** die CD. | Elle __'a _ _ _ _ acheté le CD. Sie hat die CD **nicht** gekauft. | Elle _ _ va _ _ _ _ acheter le CD. Sie wird die CD **nicht** kaufen. |
| **ne/n'…** **rien** [Unité 2] | Il _ _ fait _ _ _ _ _ _ . Er macht **nichts**. | Il __'a _ _ _ _ _ fait. Er hat **nichts** gemacht. | Il _ _ va _ _ _ _ _ _ faire. Er wird **nichts** machen. |
| **ne/n'…** **jamais** [Unité 2] | Elle _ _ travaille _ _ _ _ _ _ _ _ _ . Sie arbeitet **nie**. | Elle __'a _ _ _ _ _ _ _ _ travaillé. Sie hat **nie** gearbeitet. | Elle _ _ va _ _ _ _ _ _ _ _ travailler. Sie wird **nie** arbeiten. |
| **ne/n'…** **plus** | Ils _ _ chantent _ _ _ _ _ _ . Sie singen **nicht mehr**. | Ils __'ont _ _ _ _ _ _ chanté. Sie haben **nicht mehr** gesungen. | Ils _ _ vont _ _ _ _ _ _ chanter. Sie werden **nicht mehr** singen. |

> Der Infinitiv *(futur composé)* und das Partizip Perfekt *(passé composé)* stehen hinter der Verneinungsklammer.

| | présent | passé composé | futur composé |
|---|---|---|---|
| **ne/n'…** **personne** [Unité 5] | Il __'invite _ _ _ _ _ _ _ _ _ _ _ . Er lädt **niemanden** ein. | Il _n_'a invité _ _ _ _ _ _ _ _ _ _ . Er hat **niemanden** eingeladen. | Il _ _ va inviter _ _ _ _ _ _ _ _ _ _ . Er wird **niemanden** einladen. |

> Bei der Verneinung *ne/n'… personne* steht das Verneinungswort ............................ hinter dem Partizip Perfekt bzw. dem Infinitiv.

# Grammaire

## Die Inversionsfrage [Unité 6]

_____-\_\_\_ avec nous?
**Kommt er** mit uns?

_____-\_\_\_\_\_ anglais?
**Sprechen Sie** Englisch?

Pourquoi ne _____-\_\_\_\_\_ rien?
Warum **sagt ihr** nichts?

Quand _____-\_\_\_\_\_?
Wann **kommt ihr**?

> **(Fragewort) + Verb + Subjektpronomen + ? = Inversionsfrage** ✓
>
> Verb und Subjektpronomen verbindest du mit einem _____.
>
> Fragewörter stellst du an den _____ der Inversionsfrage, vor das Verb.

_____-t-\_\_\_ bien au tennis?
**Spielt er** gut Tennis?

_____-t-\_\_\_\_\_ français?
**Spricht sie** Französisch?

\_-t-\_\_\_ faim?
**Hat er** Hunger?

> Endet die Verbform in der 3. Person Singular mit einem _____, so schiebst du ✓
>
> wegen der Aussprache ein -\_\_- zwischen Verb und Subjektpronomen.

## Die Frage mit Präposition + qui/quoi  [Unité 6]

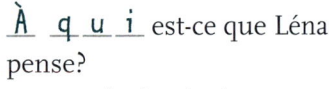

À q u i est-ce que Léna pense?
**An wen** denkt Léna?

_____ \_\_\_\_\_ est-ce que Lucas veut jouer au foot?
**Mit wem** will Lucas Fußball spielen?

\_\_\_ \_\_\_\_\_ est-ce que Fabio rêve?
**Von wem** träumt Fabio?

Mit dem Fragewort *qui* fragst du nach _____.

................................................. **+ qui + est–ce que + Aussagesatz + ? = Fragesatz**

\_\_ _____ est-ce que Sami joue?
**Was** spielt Sami?

\_\_\_ _____ est-ce que les jeunes parlent?
**Wovon** sprechen die Jugendlichen?

\_\_ _____ est-ce que Mehdi pense?
**Woran** denkt Mehdi?

Mit dem Fragewort *que* fragst du nach _____.

In Verbindung mit Präpositionen kann nur _____ (nicht *que*) stehen.

................................................. **+ quoi + est–ce que + Aussagesatz + ? = Fragesatz**

**Platz für deine Notizen und eigene Eselsbrücken**

# Platz für deine Notizen und eigene Eselsbrücken

**Platz für deine Notizen und eigene Eselsbrücken**

## Platz für deine Notizen und eigene Eselsbrücken